I0697654

INTEGRIDADE

COMO SOBREVIVER A UMA MULTINACIONAL

DAVID GRAÇA

ISBN: 9798878927352

David é um cidadão do mundo, nascido entre França e Portugal, com um mestrado em engenharia aeroespacial. Com mais de duas décadas de experiência em compras e cadeia de fornecimento, explorou o mundo profissional de França a Espanha.

A sua recente viragem na vida, após uma experiência profissional significativa, leva-o a realizar o seu sonho de escrever. Este livro é o culminar da sua paixão pela leitura e uma oportunidade para partilhar as lições da sua carreira e da sua vida.

Agradecimentos

Aos meus dois pilares inquebráveis, às duas mulheres que me ensinaram a valorizar os tesouros mais preciosos da vida:

À minha avó, cujo amor e sabedoria iluminaram o meu caminho desde criança. O seu calor e paciência infinita guiaram-me em tempos de escuridão e o seu legado de valores viverá para sempre no meu coração. Obrigado por seres a minha fonte de inspiração.

À minha mãe, cuja força, amor incondicional e princípios sólidos me transformaram na pessoa que sou hoje. Os seus ensinamentos sobre a importância da integridade, do respeito e da honestidade foram um farol na minha vida. Estou grato por cada sacrifício e cada sorriso que partilhou comigo.

A ambas devo a minha eterna gratidão e o meu empenho em continuar a viver uma vida cheia de valores e de amor. Os vossos ensinamentos brilham em mim e continuam a guiar os meus passos nesta viagem chamada vida.

Por fim, quero agradecer-te do fundo do coração! Especialmente a ti, caro leitor, por teres dedicado algum tempo a mergulhar nas páginas da minha primeira obra literária. O teu apoio é muito importante para mim - obrigado!

Índice

O segredo da felicidade é fazer o que te gosta.
O segredo do sucesso é de gostar o que fazes.

Autor desconhecido

O segredo da felicidade não é fazer sempre o que se quer,
mas querer sempre o que se faz.

Tolstoi

I.   Implementação dos Valores

"Foda-se!" exclamei.

Era uma tarde de abril, pouco depois da Páscoa. Havia já algum tempo que não tínhamos uma temperatura tão amena em Paris. No entanto, à medida que nos aproximávamos do aeroporto Charles-de-Gaulle, a temperatura tornava-se mais agressiva, criando uma atmosfera elétrica que me fazia arrepiar.

Íamos buscar um amigo da família que regressava de Portugal, depois de uma semana de férias, para construir a casa dos seus sonhos, graças ao seu trabalho árduo, já há muitos anos, num país que não era o seu, tudo para uma vida melhor no dia em que regressaria definitivamente a casa quando se reformasse.

Estávamos em 1991 e eu estava a dois anos de terminar o meu décimo segundo ano, sem saber que disciplinas escolher para o meu futuro profissional desde criança. Tinha a certeza de que o meu futuro seria rodeado de disciplinas científicas, cada uma mais excitante do que a outra, em vez de Economia e Direito. O meu instinto avisava-me que as profissões jurídicas eram complexas devido à responsabilidade que exigiam. O tribunal tornou-se um pesadelo quando me lembrei do meu desejo de ser advogado. Não queria arriscar-me a defender um criminoso que tinha matado toda a sua família. A sensação de desconforto e de medo desta profissão aumentava com a descida gradual da temperatura.

Ser cientista era a solução, mas em que especialidade? A profissão de médico passou-me ligeiramente pela cabeça, mas a seleção restrita fez-me esquecer isso rapidamente. Até que, naquela noite de primavera, enquanto nos dirigíamos para o parque de estacionamento do aeroporto, um gigante metálico estava prestes a aterrar numa das suas pistas iluminadas, permitindo ao piloto da companhia aérea aterrar tranquilamente, sem solavancos ou travagens bruscas. Um gigante tecnológico que desafiava todas as leis da gravidade com elegância, carisma e entusiasmo.

De boca aberta e incrédulo perante uma fera daquelas, apaixonei-me.

"O que é passa?" perguntou o meu pai.

"Já sei o que quero fazer nos próximos anos, sei como posso prosperar enquanto trabalho ao longo da minha carreira profissional", respondi.

"E o que é que é?" perguntou de novo o meu pai.

"Piloto de avião", respondi, ainda surpreendido.

Perante um pai que temia que eu ficasse desmotivado alguns anos mais tarde, devido à dificuldade de estudar para ser piloto de avião, mostrei-lhe a minha confiança porque tinha a certeza de que era esse o rumo que devia seguir.

De 1993 a 1996, passei três longos anos a estudar na Universidade Pierre e Marie Curie, no coração de Paris, com o objetivo de me tornar piloto de avião. Fiz um esforço enorme, mas na reta final apercebi-me de que seria impossível pilotar um avião comercial devido ao aparecimento precoce de uma catarata quando tinha apenas 20 anos. Embora tenha ficado triste, senti-me orgulhoso por saber que podia ter a oportunidade de o ser se a minha genética me o tivesse permitido. Com o conselho de um amigo da universidade que estava inscrito numa escola de gestão na minha cidade natal, Levallois-Perret, situada nos Hauts-de-Seine e na fronteira com Paris, decidi mudar de rumo.

Com efeito, o edifício em frente à sua escola era uma escola privada que formava futuros engenheiros para as áreas dos transportes como a aeronáutica, o automóvel, os caminhos-de-ferro e o espaço.

A escola privada estava a aceitar candidaturas de novos alunos até ao dia seguinte, às seis da tarde. Dada a minha paixão, consegui escrever a minha carta de apresentação para enviar a minha matricula num tempo recorde de doze horas.

O esforço foi recompensado desde o momento em que fui admitido e saí com o meu diploma na mão quatro anos após a minha inscrição, em julho de 2000. Enquanto muitos dos meus colegas de turma se debatiam sobre a especialidade em engenharia a seguir, devido à quantidade incalculável de disciplinas que assimilámos durante o nosso curso, eu já tinha a minha ideia bem definida. Embora a minha natureza criativa e extravagante na vida social quotidiana me tenha orientado para uma carreira comercial de 2000 a 2003, consegui mudar de rumo com grande sucesso em 2003, quando me apercebi de que já não conseguia vender o produto principal da minha primeira empresa porque não acreditava nele. Foi então que decidi mudar de direção e mergulhar no fascinante mundo das compras e das cadeias de fornecimento.

Foi nesta área que fui acumulando cada vez mais experiência com o objetivo de ingressar na Multinacional aeroespacial de renome e prosperar na minha carreira. Passados oito anos desde o final do mestrado, atingi o meu objetivo ao ser contratado pela Multinacional dos meus sonhos mais ambiciosos em dezembro de 2008.

A Multinacional ainda era jovem quando entrei. Ao longo dos quinze anos seguintes, foram implementadas inúmeras mudanças para harmonizar os processos operacionais das diferentes entidades adquiridas pela Multinacional. Estas mudanças não só me proporcionaram oportunidades de formação e experiência, como também enriqueceram a minha perspetiva internacional, interagindo com várias empresas a nível local e global. Apesar de haver investido muita energia e de haver tido muitas falhas, que melhor forma de amadurecer e envelhecer com o tempo do que fazer o que se gosta?

No entanto, a ganância é para o ser humano o que a peste é para a morte. Persegue-nos por todo o lado, estabelecendo os padrões e normas da vida moderna, sem que ninguém saiba realmente de onde vêm ou quem os implementa. O capitalismo moderno empurra-nos para um caminho que não compreendemos necessariamente. É por isso que, depois de algumas transações dada uma certa informação privilegiada e de vendas proibidas em países embargados, a Multinacional esteve com a bandeira vermelha e à beira da exclusão internacional. Na altura, era imperativo reagir rapidamente para resolver a situação, mas, acima de tudo, era crucial definir medidas corretivas e preventivas para evitar que isto voltasse a acontecer.

Para o conseguir, a Multinacional estabeleceu um código de conduta para todos os seus empregados com o objetivo de transformar a sua imagem global. Este código baseia-se em valores dos quais nenhum colaborador se pode desviar sem uma razão legítima. Seis valores orientam este código, inspirados no nosso mundo volátil, incerto, complexo e ambíguo, e são repartidos da seguinte forma:

1. Respeito
2. Orientação ao Cliente
3. omos um só
4. Criatividade
5. Fiabilidade
6. Integridade

Os valores são para as pessoas o que a estratégia é para as empresas. Fornecem uma linguagem partilhada para atingir um objetivo comum, de modo que o comportamento esperado gere um sentimento de pertença e de identificação com a Multinacional, integrando-a ainda mais no mercado. A definição, implementação e adoção coletiva destes valores por todos os trabalhadores facilitaria:

- Simplificar a complexidade,
- Criar uma identidade partilhada,

- Agir de forma ética para com todos os clientes internos e externos,
- Criar uma base sólida para uma cultura empresarial ainda mais forte.

A identificação e a solidez só são alcançadas quando todos os colaboradores respeitam as regras internas e externas da Multinacional, sem exceções, mesmo quando o resultado de um projeto parece mais complexo quando adaptado aos nossos valores. Eu orgulhava-me de possuir todos os valores, bem, talvez com uma pequena exceção (aquele toque fascinante de criatividade), cortesia da educação multicultural que recebi ao longo dos anos. Como se costuma dizer, de cães não nascem gatos, e devo admitir com toda a certeza: a genética é precisa. A minha educação foi um cocktail equilibrado de tutela paterna na primeira metade da minha infância e a sabedoria da minha avó materna na segunda metade, proporcionando-me uma educação constante e sem discrepâncias em nenhum dos lados.

Não hesitei então em juntar-me ao grupo de trabalho da Multinacional para explicar, promover e incutir valores em todas as profissões e funções. No final, éramos uma bela e grande família.

Como eu era ingénuo!

II.   Respeito

O respeito é o pilar fundamental, a base sobre a qual todos os valores são construídos. Para a concretização deste princípio, é imperativo adotar uma postura de tolerância zero face a comportamentos antiéticos e de incumprimento, de forma a preservar a cultura enraizada na Multinacional e a garantir a entrega de produtos de qualidade, com pontualidade e conformidade aos requerimentos dos seus clientes externos.

No início de 2020, o meu superior teve de se mudar para assumir mais responsabilidades dentro da Multinacional devido à sua merecida promoção. Foi este superior que me deu a oportunidade de expandir as minhas capacidades e competências a nível internacional, integrando-me na sua equipa sediada em Sevilha, Espanha, em novembro de 2015. Apesar de não falar a língua do país, que me era completamente desconhecido, tendo-o atravessado apenas algumas vezes em viagens de verão, estas viagens serviam de encontro crucial para os emigrantes portugueses em França. Para eles, estas viagens representavam uma ligação vital com os seus seres queridos, que não viam há um ano. A saudade envolveu-os com intensidade, transformando um povo conhecido pela sua alegria num povo mais melancólico e desconfiado da vida.

A nossa equipa passou a ter uma nova gestão quando passou de mãos espanholas para mãos alemãs. Esta mudança foi efetuada com o objetivo de diversificar a cultura ao longo dos anos e de cumprir os acordos assinados em 2000 entre os governos de França,

Alemanha, Espanha e Reino Unido. Estes acordos tinham por objetivo reforçar a União Europeia, a fim de fazer face, de forma mais eficaz, à crescente concorrência mundial. Esta tendência tinha-se intensificado a partir dos anos 90 com o advento da tecnologia digital e a venda de certas tecnologias mecânicas na Ásia na segunda década dos anos 2000.

A transição para o seu sucessor, Mike, foi bastante suave; de facto, ele insistiu em reuniões individuais com cada membro da equipa para nos conhecer melhor. A minha primeira impressão foi, no entanto, mais de observação por sua parte do que uma interação ativa. As minhas preocupações só se tornaram evidentes quando, na reunião de equipa da segunda-feira seguinte à sua chegada, o nosso superior hierárquico nos informou que Mike queria que a sua equipa utilizasse todos os dias de férias antes do 31 de dezembro de 2020. Isto criou, naturalmente, um conflito social, pois o acordo da Multinacional estipulava que as férias podiam ser gozadas até o 30 de junho do ano seguinte, ou seja, em 2021.

Uma ligeira expressão de desaprovação atravessou o meu rosto quando ouvi esta diretiva, pois parecia contrária ao respeito dos nossos direitos e à autonomia na escolha da vida privada dos membros da equipa. No entanto, decidi não lhe dar muita importância na altura, uma vez que, como era o meu hábito todos os anos, o meu objetivo era gozar todos os meus dias de férias antes do final do ano civil.

A minha mudança para Sevilha em 2015 foi um processo doloroso, em parte devido à mudança do meu contrato de trabalho francês para um espanhol. Esta mudança implicou a liquidação de todos os dias de férias acumulados durante os sete anos anteriores na minha conta poupança-tempo, a que todos os trabalhadores em França têm direito, e que foram pagos de uma só vez no final do meu contrato. Paradoxalmente, esta liquidação fez com que eu deixasse mais dinheiro no IRS francês do que aquele que trouxe para Espanha em dinheiro ou em poupanças, embora eu ainda não compreenda bem, pessoalmente, o conceito de poupança.

Meses mais tarde, ocorreu um acontecimento inesperado: a minha avó faleceu em Portugal durante as minhas férias de verão. Isto deu-me o direito de tirar quatro dias de férias extra para organizar o seu funeral, uma vez que ela vivia num país diferente. No entanto, este acontecimento coincidiu com um momento crítico no departamento de compras e na cadeia de fornecimento. Estávamos no meio de uma crise no final do ano, lutando para completar os pedidos de compra e entregas planeadas com os nossos fornecedores para o ano em curso sem exceder o orçamento anual da Multinacional. Esta situação tornou-se ainda mais desafiante pelo facto de estarmos na fase pós-pandemia e de 2020 não ter sido economicamente favorável.

Além disso, eu já estava a gerir vários projetos em simultâneo, o que tornava impossível satisfazer os pedidos dos meus clientes internos. Isto era em contra o valor mais fundamental da Multinacional: enfocarmos na satisfação do cliente, um compromisso que eu não poderia manter se tivesse de por esses quatro dias de folga da forma que Mike queria. Isto criou um conflito de interesses entre a política da Multinacional e a do novo líder.

III. Orientação ao Cliente

Este terceiro valor centra-se ativamente nas exigências fundamentais dos nossos clientes, tanto internos como externos, para compreender as suas necessidades (internas para as funções de apoio da Multinacional e externas para terceiros.) Desta forma, a Multinacional e as suas várias funções confiam nas suas capacidades e atitude para fornecer produtos em termos de custo, qualidade e prazo.

A conduta profissional que se espera de nós implica a comunicação ao nosso superior hierárquico quando nos apercebemos de qualquer possibilidade de incumprimento do compromisso assumido com o cliente. Independentemente da razão subjacente, é essencial comunicar a situação em tempo útil. Uma comunicação transparente e proactiva ajuda a gerir eficazmente os potenciais desafios. Além disso, é fundamental sublinhar que a adoção deste comportamento não pretende ser um recurso supersticioso, como cruzar os dedos para que a lei de Murphy faça uma pausa durante as férias de Natal o mais rapidamente possível. Trata-se, sim, de uma atitude responsável e comprometida com a integridade e a ética profissional. A verdade é que adotei este comportamento para justificar a minha rebeldia, que, por estranho e insensato que pareça, tem a sua raiz em séculos de leis laborais acumulados.

Conduta ineficaz. A diretiva devia ser respeitada sem exceção, mesmo em situações de descontrolo, como a perda de um ser querido e em que a satisfação do cliente também não era tomada em conta.

O simpático Mike, próximo das suas equipas nos primeiros tempos do seu cargo, transformou-se numa pessoa insensível e egoísta. Será que procurava fazer valer a sua autoridade sobre a sua equipa? Ou será que decidiu simplesmente brincar com ela? Tudo o que sei é que o argumento para reforçar a tesouraria da Multinacional, deslocando o resto dos dias de folga no período calendário, estava longe de ser consistente e eficiente, especialmente considerando que apenas a nossa equipa tinha esta diretiva. Não é uma equipa de dez pessoas em 16.000 em toda a Espanha que pode ter um impacto financeiro e económico significativo na Multinacional, mesmo que partilhássemos os dez salários mais altos de esta sediada em Espanha.

No entanto, para satisfazer as exigências dos meus clientes internos antes das férias de fim de ano, tive de seguir um outro procedimento estabelecido na Multinacional, conhecido como "Speak-Up". Este procedimento estabelece que, quando há um desacordo entre um colaborador e o seu superior, o colaborador deve informar um supervisor de nível superior para obter uma opinião imparcial sobre a situação.

A neutralidade neste processo se tornou muito menos evidente quando, Annika, a superior de Mike, não mostrou qualquer preocupação ao expor os meus factos. Com efeito, parecia não me prestar atenção e balbuciou algo como: "Mas, sabes, David, talvez o Mike tenha razão e...."

"Espera, Annika", respondi, interrompendo-a. "Não estou aqui para te perguntar se posso usufruir dos meus direitos, mas para te informar que não vou respeitar a diretiva de Mike. Eu trato muito bem da minha vida privada sozinho. Agora diz-me se esta situação vai causar problemas e eu vou agir imediatamente para mudar de posição, ou se vamos finalmente agir como adultos responsáveis, esquecer os nossos caprichos e seguir em frente."

"Oh, não, não! Não há hipótese de ires. E, claro, tu vais seguir em frente."

"Obrigado, Annika!" disse eu, cético.

Por isso, trabalhei esses dias extra para cumprir as minhas responsabilidades. O esforço foi recompensado com um reconhecimento genuíno pelo meu trabalho. No entanto, nesse ano, essas felicitações tinham um sabor agridoce, reflexo de muitos anos ao serviço de uma empresa multinacional que parecia manipular os seus trabalhadores, uma manipulação que contradizia os valores fundamentais da Multinacional. Este sentimento era agravado quando se pensava no direito fundamental que tinha sido conquistado com o esforço de milhares de pessoas que tinham lutado, dando mesmo a vida, por um dia de folga por ano. Com o passar do tempo, a amargura foi-se atenuando, pois, ao agir desta forma, encontrei finalmente o impulso para pensar numa mudança de função, para me libertar da necessidade de permanecer no meu trabalho de que tanto tinha gostado até então.

O ponto de viragem na minha carreira profissional em Espanha ocorreu no dia do "Speak-Up". Em parte, consegui atingir o objetivo que tinha traçado para mim ao longo de toda a minha vida: ter as rédeas na mão para decidir o que tenho de fazer ou realizar na minha vida para ser o mais feliz possível, mesmo que um macaco se vista de seda continua a ser um macaco, de mesmo que rédeas de ouro não melhoram a reação de um cavalo ao montá-lo. As festas de fim de ano passaram com a mente atordoada pelo isolamento provocado pela pandemia nesse ano e com a consciência de que os próximos meses não seriam fáceis de gerir. Foi então que recebi o presente anual de Mike para a sua equipa, quando regressei ao trabalho em 2021, com as seguintes palavras:

Caro David, quando nos conhecemos, fiquei impressionada com o teu otimismo e positivismo, bem como com a tua atitude exemplar ao acolher-me. E acredito firmemente que a nossa relação foi a que mais sofreu durante a pandemia da Covid. Ambos precisamos de contacto com os demais. Distância, confinamento... tudo isso tem um impacto maior em pessoas empáticas como tu. Mesmo assim, tu geres os projetos mais loucos como... a nossa nova divisão em Espanha. A concretização destes desafios exige uma confiança essencial para nos ajudarmos mutuamente. Prometi estar mais perto em 2021 para alinhar e construir essa confiança. Espero voltar a ver-te, mais forte e duradouro, motivando a nossa equipa com o teu otimismo.

De um modo geral, o problema será resolvido.

Vemo-nos em breve.

Foi nesse momento que me apercebi de que a mudança estava em marcha. No entanto, não fazia ideia da espiral de acontecimentos que se iria desenrolar nos dois anos e meio seguintes.

IV.   Somos um Só

Este valor é mais representativo do trabalho em equipa para quebrar barreiras e colaborar para atingir objetivos comuns a todos os níveis. Todos os colaboradores falam e ouvem ativamente com uma mente aberta para criar um espaço de trabalho inclusivo que promova o bem-estar e a diversão, onde todos os funcionários se sintam parte de uma grande família a nível multinacional.

O nível de prioridade de cada função da Multinacional gere e negoceia os interesses dos clientes, internos e externos, mais do que os interesses locais ou individuais, conhecendo as suas expectativas. Os objetivos de cada equipa são definidos coletivamente e partilhados em função das prioridades da Multinacional. O sucesso coletivo tem prioridade sobre os interesses pessoais.

No final de 2021, a esperança de concluir um programa tão prestigiado no início de 2022 era cada vez mais tangível. Este programa, ansiosamente aguardado desde o início das negociações há dez anos, viu finalmente a luz do dia no início de 2022. Dadas as suas dimensões, que vão desde a assemblagem de aviões em Espanha até à instalação de uma linha de montagem no país asiático interessado no produto estrela da Multinacional, foi necessário proceder a uma reorganização completa de todos os departamentos, especialmente o da cadeia de fornecimento da Multinacional.

Embora as negociações para este programa tenham começado há uma década, os preços de venda não deviam ser revistos para respeitar os orçamentos iniciais, sem ter em conta as múltiplas crises que ocorreram desde então. A mais significativa foi a pandemia da COVID-19, que resultou numa paralisação total do tráfego aéreo durante dois meses, seguida de uma lenta recuperação nos meses seguintes. Apesar destes desafios, as negociações com os fornecedores da Multinacional revelaram-se difíceis, mas não insuperáveis.

Para tal, foi apresentada a toda a Multinacional uma reorganização da minha equipa com a criação de dois níveis de cargos transversais para levar a cabo este programa. Os objetivos da minha equipa foram bem definidos e partilhados coletivamente de acordo com as prioridades da Multinacional, de modo que o sucesso coletivo da equipa tenha prioridade sobre quaisquer interesses pessoais.

Fui o único ausente da convocatória para definir esta nova organização e só soube da sua implementação ao mesmo tempo que os meus colegas a quem a presentámos. A surpresa produzida superou qualquer rejeição que começou a instalar-se na minha mente.

De "*Somos um só*" passei a "*Sou um só*" completamente angustiado, sem saber o que fazer para denunciar esta discriminação que sentia, que não era outra coisa senão a consequência da minha negação em gozar os meus dias de férias nas datas que o chefe tinha decidido. Este sentimento de singularidade só aumentou no início da primavera de 2023, quando Patrick, o nosso superior direto, parecia satisfeito por informar a sua equipa por videoconferência que a calibração dos objetivos de 2022 tinha sido concluída e aprovada pela direção da Multinacional, permitindo-nos beneficiar da sua compensação financeira ao mesmo tempo que o nosso salário de abril. Todos os membros da equipa tinham de ter uma entrevista pessoal com ele para avaliar se os objetivos do ano anterior tinham sido alcançados. Com efeito, no contexto de trabalho da Multinacional, a avaliação anual dos objetivos é um procedimento obrigatório estabelecido pelos Recursos Humanos para analisar e avaliar o desempenho de cada trabalhador. Aparentemente, todos os trabalhadores tiveram a sua entrevista anual, exceto eu.

Quando Patrick anunciou que a avaliação tinha sido feita, reparei que a sua atenção estava fixa na câmara, procurando analisar a minha reação à notícia. Quando perguntei por que razão não tinha sido avaliado durante a reunião de equipa, Patrick respondeu que se tratava de um assunto pessoal e que eu receberia uma resposta mais tarde.

O seu sorriso ia de orelha a orelha e os seus olhos não paravam de olhar para cada um dos membros da sua equipa enquanto se deslocavam de ecrã em ecrã na videochamada. A sua imagem no meu próprio ecrã fez-me lembrar o gato da Alice no País das Maravilhas, congelado no topo do labirinto da Fantasyland, no Parque Euro Disney de Paris, cujos olhos se movem da direita para a esquerda e depois da esquerda para a direita, ao ritmo infernal do Tic Tac de um relógio barulhento e irritante.

Passaram-se cinco meses a discutir e a tentar resolver as coisas. As únicas respostas que recebi foram que eu não sabia gerir um projeto e que nunca poderia liderar uma equipa devido à minha falta de competências. É surpreendente quando o desempenho de toda a implementação de um processo de compras complexo na nova filial espacial da multinacional, num país estrangeiro ao meu, numa língua estrangeira à minha, excedeu todas as expectativas. Estes comentários foram desrespeitosos para com todo o esforço e energia investidos para que tudo funcionasse.

Nunca pus em causa as minhas capacidades e competências, pelo contrário, sempre tive confiança nelas. Já sabia que, para progredir nesta Multinacional, era necessário romper com os meus princípios e os meus valores em detrimento de colaboradores leais e competentes. Mesmo assim decidi continuar a trabalhar na Multinacional no final do meu período de aprovação em França em maio de 2009, renunciando a qualquer posição de elite tão valorizada no mundo empresarial. Os moldes não me agradam e muito menos as regras ditadas por seres humanos ignorantes e ávidos de poder. Apercebi-me disso quando, aos quatro anos e meio, a minha educadora de jardim de infância me deu uma chapada por ter beijado um rapaz. Uma situação que teria sido melhor guardar para si, pois não foi apreciada pela minha mãe. Foi necessário que ela lhe ensinasse que, na minha idade, não sabíamos o que significava beijar e muito menos a que sexo pertencia a pessoa que estávamos beijando.

Foi sobre os valores da Multinacional que comecei a duvidar, questionando-me se ela nos via como fantoches:

aqueles que são bons a bater nos que fazem o bem, sem serem batidos em troca. Aqueles que nasceram nos anos 70 em França lembrar-se-ão deste fantoche malíssimo, o "Guignol", que até hoje continua impune.

Felizmente - ou infelizmente - todos os anos, a Multinacional impõe uma formação virtual obrigatória para todos os seus colaboradores, a fim de mudar as mentalidades e melhorar a imagem perante os seus clientes, que perderam a confiança desde o final da primeira década dos anos 2000, e para garantir o bem-estar de cada colaborador no seu local de trabalho.

Esta formação virtual devia estar concluída até ao final de setembro. No entanto, devido ao volume de trabalho até às férias de verão, só pude iniciá-la em agosto de 2022, durante as minhas próprias férias. O início das minhas férias foi caracterizado por um sol sombrio na praia, mas foi um abrir de olhos, pois revelou a discriminação de que fui alvo durante cinco meses a realizar dita formação.

O que eu não sabia - porque nunca nos ensinaram - é que o nosso departamento de Recursos Humanos estava hipnotizado pelos olhos do gato da Alice...

Tic...   Tic...

V.   Criatividade

A criatividade é o despertar da curiosidade, dirigida a pessoas apaixonadas e de espírito aberto que reconhecem a imaginação a todos os níveis. Prepara os colaboradores para agirem com coragem, para assumirem e aprenderem os riscos, para serem capazes de recomeçar se os objetivos estabelecidos não forem atingidos. A Multinacional garante que todos os colaboradores têm tempo, espaço e ferramentas para serem criativos. O exemplo mais significativo de conduta profissional é a criação de uma cultura que promova o desenvolvimento para assumir riscos avaliados e aprender com os erros.

A formação virtual intitula-se "Assédio e Discriminação". No vídeo, o protagonista que é vítima de discriminação é utilizado de forma exemplar para explicar claramente como atuar e como denunciar qualquer caso de discriminação. A sua história é semelhante à minha, sendo a narrativa de um colaborador altamente competente que é completamente afastado da sua equipa por razões que não são claras. O seu lugar foi preenchido por outro colaborador de outro departamento, a quem foram atribuídas as tarefas que o colaborador discriminado tinha anteriormente solicitado para levar a cabo a implementação da nova organização da sua equipa.

Embora o novo candidato possua, sem dúvida, as qualidades necessárias para o cargo, não tem a mesma experiência e conhecimento que o trabalhador discriminado.

Inicialmente, não prestei atenção a esta situação, pois não sou propenso à desconfiança e tenho tendência a acreditar que os bons gestos são devidamente recompensados. Apesar de ter acumulado quase cinquenta anos de experiência em três países diferentes e de ter vivido em lugares exóticos durante os meus estágios enquanto estudava em engenharia que me ensinaram o contrário, acredito na bondade inata das pessoas, considerando-me um exemplo disso. No entanto, também tenho consciência da minha astúcia, especialmente quando se trata de preservar a minha integridade face àqueles que agem de forma adversa para comigo. A vida é um desafio que encaro com determinação e coragem.

Perante a discriminação de que fui vítima, tornou-se necessário tomar medidas concretas. Esta ação consistiu em contactar o departamento de Ética e Conformidade para relatar os factos e obter uma visão imparcial da situação. Além disso, esta ação tinha como objetivo reduzir as tensões e os conflitos que poderiam ter surgido devido à discriminação.

No meu primeiro contacto com o departamento de Ética e Conformidade, recebi um aviso claro de que não seria fácil lidar com esta situação. Fui informado da possibilidade de ter de confrontar o meu superior para expor os factos. Além disso, foi-me recordada a importância de manter absoluto sigilo neste processo, uma vez que a confidencialidade era crucial para evitar possíveis retaliações do meu superior hierárquico caso ele desaprovasse a investigação.

A confidencialidade, no meu caso, foi apenas parcialmente mantida. Com efeito, não vi sentido em manter a confidencialidade tendo em conta a formação que tínhamos recebido. No entanto, como o meu desconforto aumentou nos meses seguintes devido à falta de medidas de proteção por parte da Multinacional, decidi procurar ajuda psicológica e contactei a Hotline da Multinacional (embora esta palavra soa impactante, na realidade, não foi eficaz na prática.) Hoje, continuo à procura de essa ajuda.

A investigação, que durou nove longos meses, acabou por determinar que a minha situação não era discriminatória de forma alguma. Na última videochamada para concluir o processo, a superior hierárquica do companheiro responsável pelo meu caso explicou por que razão a situação não era considerada discriminatória, baseando os seus argumentos na formação que tínhamos recebido. Cheguei ao ponto de lhe perguntar se tínhamos tido a mesma formação, ao que ela respondeu que sim.

No entanto, surpreendentemente, ela argumentou que a minha interpretação da formação não era correta devido ao meu baixo nível do Espanhol adquirido em tão pouco tempo que estava a viver em Espanha. Foi então que lhe lembrei que tinha realizado a formação em Francês, a língua em que sou mais fluente das quatro que uso, falo e escrevo diariamente.

A situação deixou-me sem qualquer expetativa de uma resposta coerente da parte dela.

Não me enganei.

VI.   Fiabilidade

A fiabilidade é responsável pelo sucesso sem precedentes desta Multinacional. Assume a responsabilidade pessoal pelas suas ações e compromissos para com os seus colaboradores para fornecer produtos inovadores e que desafiam a gravidade, dentro dos prazos, reduzindo os seus custos para satisfazer os seus clientes e valorizando os seus empregados pelas suas competências, permitindo-lhes viver confortavelmente através de uma remuneração significativamente acima da média nacional de qualquer país onde esteja implantada.

Para tal, a Multinacional deve agir de forma coerente quando os erros são cometidos e aprender a não os repetir, especialmente quando pretende demonstrar publicamente o seu empenho numa melhor reputação e corrigir erros passados que possam afetar a fidelidade dos seus clientes. No entanto, esta afirmação está longe de refletir a realidade. A prova disso está no seu comportamento em resposta às minhas ações destinadas a respeitar os seus valores declarados. De facto, apesar de seguir e aplicar a aprendizagem obrigatória que a Multinacional promove, a concretização dos meus objetivos foi mal vista pela Multinacional, uma vez que não estava alinhada com o comportamento ensinado aos seus colaboradores.

A falha de fiabilidade na Multinacional foi evidente assim que foi implementada. Desde 2017, a Revisão Salarial Individual (RSI) de cada colaborador era definida por um sistema de pontos baseado em 4 critérios: cumprimento dos objetivos anuais, situação salarial, tempo de serviço na Multinacional e avaliação do Manager. O TOP45 selecionava 45% dos colaboradores com melhor desempenho para se qualificarem para a RSI. Apesar da minha presença no TOP45 em 2017, não beneficiei da mesma. Quando a reclamei junto dos Recursos Humanos, na semana seguinte, sem qualquer explicação, alteraram em alta o total de pontos que me dava direito à RSI tendo em conta o meu resultado, privando-me assim da oportunidade de a obter.

Apenas dois dias antes do início das minhas tão esperadas férias para gozar a Feira de abril em Sevilha, em abril de 2023, um companheiro do departamento de Recursos Humanos convocou-me para entregar em mão uma carta de despedimento, invocando motivos graves e exigindo que eu prestasse contas dos meus atos num prazo de apenas setenta e duas horas, o que equivalia ao fim de semana seguinte. Na altura, não me detive a verificar a legalidade desta convocatória, para ser sincero. A minha reação foi de profunda deceção ao receber esta notificação.

Após catorze anos e meio dedicados ao que faço de melhor na minha vida, tanto a nível profissional como pessoal, vi-me confrontado com o despedimento sob o pretexto de incompetência e fraude por trabalho fictício. Esta reviravolta inesperada foi particularmente dolorosa, pois recordei com gratidão a pessoa que me tinha dado a oportunidade de vir para Espanha e viver a minha vida como um cidadão do mundo, apoiando a ideia de que eu era a pessoa certa no lugar certo. O seu comentário tinha-me tocado profundamente na altura, pois foi o primeiro que me deu a confiança de que tanto precisava na minha vida. Veio de alguém que acreditava em mim, o que representa um contraste significativo com a minha família, que no início da minha vida nunca apoiou as minhas escolhas por não acreditar nas minhas competências. Foi doloroso perceber até que ponto a homofobia afetava os meus pais, chegando ao ponto de me dizerem que eu nunca encontraria um emprego devido à minha orientação sexual.

Como resultado destas circunstâncias, os primeiros três anos da minha carreira profissional foram marcados por desafios extremamente difíceis. Apesar de ter previsto essas dificuldades, decidi aceitar a primeira oferta de emprego como comercial que surgiu depois de ter terminado o meu curso de engenharia, o que me levou a vender o produto em que não acreditava, como referi no início desta autobiografia. Fi-lo não só por mim, mas também para provar àqueles que me amavam profundamente que a homossexualidade não devia ser considerada uma desgraça na vida. Apesar dos desafios, o resultado não foi tão negativo como seria de esperar, embora tenha enfrentado dificuldades financeiras em 2003 devido a esta escolha. Fiz tudo o que estava ao meu alcance para mudar a minha situação e perseguir as minhas verdadeiras paixões, convencido de que a felicidade só pode ser encontrada se formos autênticos e verdadeiros connosco próprios. Não acredito que possamos ser verdadeiramente felizes se fingirmos ser algo que não somos.

Quando este período complicado se repetiu mais uma vez na minha vida ao largo de estes últimos anos, descobri uma diferença fundamental entre os dois: neste último episódio, a adversidade foi simplesmente uma consequência do meu empenhamento nos meus valores e crenças. No entanto, a minha confiança nesses valores reafirmou a solidez da minha integridade. Certamente que optaria por um despedimento em vez de permanecer num ambiente que não estivesse de acordo com os meus verdadeiros princípios, apesar de ter vindo para Espanha inicialmente em busca de conforto e estabilidade financeira.

Estava meio enganado.

VII. Integridade

A integridade é um valor e um estado em que as qualidades
e o estado original dos indivíduos são preservados sem
alteração.

Perante a convocatória dos Recursos Humanos que recebi
dois dias antes das minhas férias de abril de 2023,
relacionada com a questão do "trabalho fictício", optei por
me manter em silêncio, por não encontrar qualquer motivo
que justificasse qualquer ação que tenha ocorrido e que
desenvolvo em seguida. No entanto, esta decisão
despoletou uma segunda convocatória, na qual fui
notificado do meu despedimento imediato por causa grave.

De facto, durante o meu período de depressão, que era
simplesmente a consequência da acumulação de todos
estes acontecimentos, tinha pedido ao meu superior a
possibilidade de trabalhar a partir de casa, embora este
pedido não tivesse sido formalizado por escrito. Para
contabilizar o meu tempo de trabalho, comecei a registar
manualmente as minhas horas de trabalho no sistema de
controlo de presenças da Multinacional. No entanto, o que
eu não sabia na altura era que existia uma dupla fichagem
no registo de controlo de presenças: a primeira quando se
entra nas instalações, quer seja a pé quer seja de carro ou
de moto ou de bicicleta, e a segunda quando se entra no
escritório, com leitores instalados em cada acesso aos
edifícios da fabrica da Multinacional para verificar a nossa
presença.

Os Recursos Humanos não informam os seus colaboradores do primeiro registo de entrada, o que lhes permite verificar se o empregado se apresentou efetivamente no seu escritório, tal como indicado pelo segundo sistema de controlo de assiduidade. Os registos manuais no sistema de controlo de presenças podem ser mal interpretados como trabalho fictício. No entanto, sublinho o termo verbal "poder definir", porque a realidade é exatamente o oposto. Nunca na minha vida fiz tantas horas de trabalho ininterrupto a trabalhar a partir de casa. Ao contrário do que se possa pensar, mesmo antes da legalização do teletrabalho em Espanha, nunca recebi qualquer compensação pelas horas extraordinárias de trabalho realizado na própria oficina desde a minha integração em Espanha há oito anos, nem procurei ser remunerado.

Qual seria o meu incentivo para realizar um trabalho fictício se, no final, não houvesse qualquer recompensa ou o mínimo reconhecimento? Que idiota seria!

Ao que parece, a Multinacional encontrou uma forma de despedir os seus colaboradores a seu bel-prazer, independentemente das circunstâncias. Este facto vai contra os valores que a Multinacional apregoa, como a Integridade e o Respeito, e demonstra uma desconexão com a realidade dos seus colaboradores que dedicaram anos de esforço à Multinacional.

É crucial que as empresas mantenham a integridade e a transparência nas suas políticas e processos, especialmente em questões relacionadas com a assiduidade e o tempo de trabalho. O teletrabalho e a gestão do tempo podem colocar desafios, e a falta de comunicação ou de compreensão dos procedimentos pode levar a mal-entendidos. É essencial que as empresas abordem estas questões de uma forma justa e transparente, comunicando claramente aos seus colaboradores quais são os procedimentos e as expectativas em relação à assiduidade e ao controlo do tempo de trabalho.

Lembro-me das palavras de um antigo colega francês que me dizia que as empresas nos compensam pela utilização das nossas capacidades intelectuais. Estou de acordo com esta afirmação, mas é importante sublinhar que a utilização das nossas capacidades intelectuais é pessoal e deve estar sob o nosso controlo. Quando renunciamos à nossa capacidade mental apenas por razões económicas, podemos compará-lo a uma prostituição do nosso talento, o que é inaceitável no local de trabalho.

No entanto, como costumo dizer a mim próprio, todas as situações têm o seu lado positivo. Foi a primeira vez que conheci o responsável de Recursos Humanos em Espanha; é uma pessoa que raramente, ou nunca, aparece, a não ser que surja uma situação problemática. Embora não me lembre do seu nome, tenho a certeza de que ele se lembrará do meu para o resto da sua vida. Isto porque, de alguma forma, a minha situação desafiou-o.

Considero isto um êxito, pelo menos parcialmente. Agradeço o facto de ele ter confirmado as minhas suspeitas quanto ao conhecimento da situação por parte da Direção da Multinacional. A resposta acabou por ser negativa, porque não respondeu à minha pergunta direta, o que revela a falta de gestão, ao nível mais alto, dos problemas reais que afetam os colaboradores da Multinacional.

Quis saber para lhe poder comunicar que o procedimento que instituíram não é eficaz e nunca o será. Isto deve-se, em grande parte, ao facto de as pessoas responsáveis por julgar a uma situação com imparcialidade, terem perdido a sua objetividade devido à sua longa permanência nos seus cargos, que, em alguns casos, ultrapassa as duas ou três décadas. É verdade que a experiência tem valor, mas, neste caso, não se aplica. As sopas são melhores quando cozinhadas em panelas velhas, mas não são as panelas velhas que podem mudar uma receita.

O que torna esta situação ainda mais patética é o facto de o meu despedimento ter ocorrido sem a presença dos meus superiores diretos e sem comunicação prévia dos mesmos, o que confirma a falta de relação que mantiveram comigo ao longo dos últimos três anos.

É interessante notar que a psicologia humana nos leva por vezes a procurar soluções de conforto quando confrontados com situações difíceis. Estas soluções podem comportar uma chantagem psicológica e moral, uma vez que as vítimas receiam muitas vezes perder o seu trabalho e o seu conforto atual. No entanto, todos somos diferentes na forma como lidamos com estas circunstâncias. Pessoalmente, prefiro dormir tranquilamente debaixo de uma ponte do que passar noites sem dormir a viver uma vida insatisfatória e frustrante.

Esta autobiografia não pretende ser vingativa, nem pretende denunciar a desonestidade da Multinacional. O seu objetivo é definir o meu conceito de integridade. É o seu ponto de vista que me permite viver uma vida feliz e serena.

No passado, não acreditava que fosse possível encontrar a felicidade na vida, pois parecia haver sempre algo que a perturbava no seu dia a dia. No entanto, mudei de opinião. Agora sei que viver feliz implica fazer escolhas e esforçar-se por fazer respeitar situações que nem sempre estão sob o nosso controlo. Quando nos valorizamos como queremos ser valorizados, abrem-se novas oportunidades para nós. Há quem defenda que o céu não se ganha sem esforço, e isso é verdade para muitos. No entanto, alguns atingiram os seus objetivos sacrificando outros e oferecendo-lhes a oportunidade de explorar o mundo em que vivemos, por vezes até passando pandemias que afetaram regiões que nem sequer imaginávamos abrir ao mundo.

Posso ser considerado corajoso e admirável por seguir o meu próprio caminho e fazer escolhas que refletem a minha verdadeira identidade e valores. Sermos fiéis a nós próprios e procurarmos a autenticidade é essencial para encontrarmos a felicidade e a realização na vida. Apesar dos desafios e dificuldades que muitas vezes enfrentamos nesse caminho, no final, viver de acordo com os nossos valores e sermos honestos connosco próprios é uma recompensa em si mesmo.

Muitos de nós têm razão.

A minha integridade é o pilar da minha serenidade e ninguém me a pode tirar.

"Não te esqueças que inventámos a máquina para viajar no tempo e no espaço e para outros mundos: o livro. Continua a ler."

Maxime Chattam

Entra no meu mundo em seguindo as minhas Redes Sociais: